Khalil Gibran

Der Narr

Khalil Gibran

Der Narr

Lebensweisheit
in Parabeln

Mit Bildern von
Françoise Girardot Hiestand

Walter Verlag
Zürich und Düsseldorf

Titel der amerikanischen Originalausgabe:
«The Madman» (erschienen bei Alfred A. Knopf Verlag, New York)

Die Übersetzung besorgte Florian Langegger

Die Deutsche Bibliothek – CIP-Einheitsaufnahme
Ǧibrān, Ǧibrān Ḫalīl:
Der Narr / Khalil Gibran. –
Zürich ; Düsseldorf : Walter, 1998
ISBN 3-530-10015-3

Satz und Lithos: Jung Satzcentrum, Lahnau
Druck und Einband: Clausen & Bosse, Leck
ISBN 3-530-10015-3

Inhalt

Der Narr

Du fragst mich, wie ich zum Narren wurde? Das geschah so: Eines Tages, lange bevor die vielen Götter geboren waren, erwachte ich aus einem tiefen Schlaf und gewahrte, daß meine Masken gestohlen worden waren – die sieben Masken, welche ich in sieben Leben verfertigt und getragen hatte. – Unmaskiert rannte ich durch die vollen Straßen und schrie: «Diebe, Diebe, die verdammten Diebe!»
Männer und Frauen lachten. Einige liefen aus Angst vor mir in ihre Häuser.
Als ich zum Marktplatz kam, rief ein Junge von einem Hausdach: «Er ist ein Narr!» Ich blickte empor, um ihn zu sehen: da küßte die Sonne erstmals mein bloßes Antlitz. Zum ersten Mal küßte sie mein bloßes Antlitz, und meine Seele entflammte in Liebe zu ihr, und ich wünschte mir keine Masken mehr. Wie in Trance rief ich: «Segen, Segen über die Diebe, die meine Masken gestohlen!»
So wurde ich zum Narren.
Und in meiner Narrheit fand ich Freiheit und Sicherheit: die Freiheit der Einsamkeit und die Sicherheit vor dem Verstandenwerden. Denn diejenigen, welche uns verstehen, versklaven etwas in uns.
Aber ich will nicht zu stolz sein auf meine Sicherheit. Denn auch ein Dieb ist im Kerker sicher vor einem anderen Dieb.

Gott

Als vor Zeiten der erste bebende Laut über meine Lippen drang, erklomm ich den heiligen Berg und sprach zu Gott. Und ich sagte: «Herr, ich bin dein Diener. Dein geheimer Wille ist mein Gesetz, und ich folge dir immerdar.»
Aber Gott antwortete nicht. Er entschwand einem mächtigen Sturme gleich.
Und nach tausend Jahren erklomm ich den heiligen Berg, und wieder sprach ich zu Gott. Und ich sagte: «Schöpfer, ich bin dein Geschöpf. Aus Ton hast du mich geformt, und was ich bin und habe, schulde ich dir.»
Aber Gott antwortete nicht. Er entschwand tausend eiligen Flügeln gleich.
Und nach tausend Jahren erklomm ich den heiligen Berg, und wieder sprach ich zu Gott. Und ich sagte: «Vater, ich bin dein Sohn. Aus Liebe und Erbarmen hast du mich gezeugt, und in Liebe und Ehrerbietung will ich dein Königreich erben.»
Aber Gott antwortete nicht. Er verschwand wie Dunst in der Ferne.
Und nach tausend Jahren erklomm ich den heiligen Berg, und wieder sprach ich zu Gott. Und ich sagte: «Mein Gott, mein Ziel und meine Er-

füllung. Ich bin dein Gestern, und du bist mein Morgen. Ich bin deine Wurzel in der Erde, du bist meine Blüte am Firmament, und gemeinsam wachsen wir vor dem Antlitz der Sonne.»
Da neigte sich Gott hernieder und flüsterte süße Worte in mein Ohr. Und wie der See das Bächlein umfängt, das in ihn mündet, so umfing er mich.
Und als ich in die Weiten und Täler hinabstieg, war Gott auch dort.

Mein Freund

Mein Freund, ich bin nicht dein Freund. Mein Schein ist bloß ein sorgfältig gewobenes Kleid, das ich trage, um mich vor deinen Fragen und dich vor meiner Gleichgültigkeit zu schützen.
Das «Ich» in mir, mein Freund, wohnt in dem Haus der Stille. Dort soll es bleiben, immerdar, unerkannt – und unnahbar.
Du sollst meinen Worten keinen Glauben schenken und sollst meinem Tun mißtrauen – denn meine Worte sind nur das Echo deiner Gedanken und meine Taten bloß deine verwirklichten Wünsche.
Sagst du: «Der Wind weht von Osten», so sage ich:

«Ja, er weht von Osten.» – Du sollst nicht wissen, daß nicht der Wind meinen Sinn bewegt, sondern die See. Du kannst meine seefahrenden Gedanken nicht erraten. Ich will mit der See allein sein.

Wenn für dich Tag ist, mein Freund, ist für mich Nacht. Und doch rede ich von Mittagsglanz, der über Hügeln tanzt, und von dem Purpurschatten, der sich durch das Tal stiehlt. Du kannst die Lieder meiner Finsternis nicht hören und siehst nicht, wie meine Flügel gegen die Sterne schlagen. – Du sollst nicht sehen und sollst nicht hören. Ich will mit der Nacht allein sein.

Wenn du in deinen Himmel aufsteigst, steige ich in meine Hölle hinab – und sogar dann noch rufst du über den unüberbrückbaren Golf: «Mein Gefährte, mein Kamerad!», und ich rufe zurück: «Mein Kamerad, mein Gefährte!», denn du sollst meine Hölle nicht sehen! Die Flamme würde dir das Augenlicht verbrennen und der Rauch deine Nüstern schwären. Ich liebe meine Hölle zu sehr, als daß du sie besuchest. Ich will in der Hölle allein sein.

Du liebst die Wahrheit, die Schönheit und das Recht. Um deinetwillen heiße ich dies alles auch gut. In meinem Herzen aber lache ich über deine Liebe. Doch sollst du mein Lachen nicht hören. Ich will alleine lachen.

Du bist gut, mein Freund, behutsam und weise. Nein, vollkommen bist du! – Und ich: ich rede behutsam und weise mit dir. Und doch bin ich ein Narr. Aber ich habe meine Narrheit maskiert. Ich will in meiner Narrheit allein sein.
Mein Freund, du bist nicht mein Freund. Wie kannst du das verstehen? Mein Weg ist nicht dein Weg, und doch gehen wir gemeinsam, Hand in Hand.

Die Vogelscheuche

Einst sagte ich zu einer Vogelscheuche: «Du stehst immer hier auf dem Feld. Du mußt es müde sein.»
Sie antwortete mir: «Verscheuchen bringt tiefe und dauernde Freude, und ich ermüde nie.»
Darauf sagte ich, nachdem ich's kurz bedacht: «So ist es, einst kannte ich diese Freude auch.»
Sie erwiderte: «Nur wer mit Stroh gefüllt ist, kann sie kennen.»
Da verließ ich sie. Ich wußte nicht, ob sie mir geschmeichelt oder mich verspottet hatte.
Ein Jahr verging. Währenddessen wurde die Vogelscheuche weise.

Als ich wieder dort vorüberkam, nisteten Krähen unter ihrem Hut.

Die Schlafwandler

In meiner Heimatstadt lebte eine Frau mit ihrer Tochter. Beide wandelten im Schlaf.
Eines Nachts, als alle Welt schwieg, trafen sich Mutter und Tochter schlafwandelnd in ihrem nebelverhangenen Garten.
Und die Mutter sprach und sagte:
«Endlich habe ich dich, Feindin! Du warst es, die meine Jugend zerstörte, und auf den Ruinen meines Lebens bist du groß geworden. Ich möchte dich töten!»
Und die Tochter erwiderte und sagte:
«Verhaßtes Weib, selbstsüchtige Alte. Immer noch stehst du meiner Freiheit im Weg. Mein Leben soll wohl immer nur ein Echo deines Lebens sein. Ach, wärest du doch tot!»
In diesem Augenblick krähte der Hahn, und beide Frauen erwachten. Voller Sanftmut fragte die Mutter: «Bist du es, mein Herz?», und die Tochter antwortete sanftmütig: «Ja, liebe Mutter.»

Der weise Hund

Ein weiser Hund begegnete einst einem Rudel Katzen.
Als er näher kam und sie sehr beschäftigt fand, und sie seiner nicht achteten, hielt er an.
Inmitten des Rudels erhob sich ein großer, gewichtiger Kater. Er blickte in die Runde und sagte sodann: «Betet, Brüder! – Und wenn ihr unermüdlich gebetet haben werdet, ohne in euren Herzen zu zweifeln, dann wird es wahrhaftig Mäuse regnen.»
Als der Hund dies hörte, lachte er bei sich, und indem er wieder davonschlich, sagte er: «O ihr mit Blindheit geschlagenen Katzen. Steht denn nicht geschrieben und weiß nicht jedes Kind seit Urväters Zeiten, daß es zum Lohn für demütiges Gebet nicht Mäuse, sondern Knochen regnet?!»

Die beiden Eremiten

Auf einem einsamen Berg lebten zwei Eremiten, die Gott im Gebet verehrten und einander liebten. Beide besaßen nur eine irdene Schale, und diese war ihr einziger Besitz.
Eines Tages beschlich ein böser Geist den älteren der beiden. Der ging darauf zu dem jüngeren und sagte: «Lange lebten wir zusammen. Es ist Zeit, daß wir uns trennen. Laß uns unseren Besitz teilen.»
Da war der jüngere Eremit traurig und sagte: «Es betrübt mich, Bruder, daß du mich verlassen willst. Aber wenn du gehen mußt, so soll es sein.» Und er brachte die irdene Schale und gab sie dem anderen mit den Worten: «Wir können sie nicht teilen, Bruder, sie sei dein.»
Da erwiderte der ältere: «Ich nehme keine milden Gaben. Ich will nichts als mein Eigentum. Es muß geteilt werden.»
Der jüngere sagte: «Wenn die Schale erst zerbrochen ist, wem wäre sie dann noch von Nutzen? Laß uns das Los werfen.»
Aber der Alte entgegnete: «Ich will Gerechtigkeit und mein Eigentum und werde sie nicht blindem Zufall überlassen. Die Schale muß geteilt werden.»

Da konnte der jüngere nicht länger rechten und sagte: «Wenn es also durchaus dein Wille ist, dann laß uns die Schale zerbrechen.»
Da wurde der Alte blutrot vor Zorn und schrie: «Verdammter Feigling, du willst nicht streiten!»

Über Geben und Nehmen

Es lebte einst ein Mann, der besaß einen Berg Nähnadeln. Eines Tages kam die Mutter Jesu zu ihm und bat ihn: «Freund, das Gewand meines Sohnes ist zerrissen, und ich muß es nähen, ehe er in den Tempel geht. Willst du mir nicht eine Nadel geben?»
Der Mann gab ihr keine Nadel, aber er hielt ihr eine wohlgesetzte Rede über Geben und Nehmen. Davon solle sie ihrem Sohn berichten, ehe er in den Tempel gehe.

Die sieben Ich

In der stillsten Stunde der Nacht – ich war halb eingeschlafen – kamen meine sieben Ich zusammen und flüsterten miteinander:
Erstes Ich: «Ich hauste all die Jahre hier in diesem Narren und hatte nichts zu tun, als bei Tag seinen Schmerz zu schüren und ihm bei Nacht neue Sorgen zu bereiten. Ich kann mein Los nicht länger ertragen, und jetzt lehne ich mich dagegen auf!»
Zweites Ich: «Dein Los ist besser als meines, Bruder, denn meine Aufgabe ist's, das fröhliche Ich dieses Narren zu sein. Ich lache sein Lachen, ich singe seine glücklichen Stunden, und mit dreimal beflügelten Schuhen tanze ich seine Heiterkeit. Ich bin's, der sich gegen dieses beschwerliche Los auflehnt!»
Drittes Ich: «Und was ist mit mir, dem von Liebe tollen Ich, der Flamme wilder Leidenschaft und phantastischer Begier? Ich liebeskrankes Ich lehne mich gegen diesen Narren auf!»
Viertes Ich: «Ich bin unter euch allen das elendste, denn ich kann nur mit stetem Haß und Abscheu alles zerstören. Ich bin der Höllensturm aus schwarzer Finsternis und ich will diesem Narren nicht länger dienen!»

Fünftes Ich: «Nein, ich bin es, das denkende, das phantasievolle Ich, von Hunger und Durst dazu verdammt, rastlos Unbekanntes und noch nicht Geschaffenes zu suchen. Ich habe mich zu beklagen, nicht ihr!»

Sechstes Ich: «Ich bin der elende Arbeiter, der mit geduldigen Händen und mit sehnsüchtigem Blick die Tage erst zu Bildern formt und den Stoffen neue und ewige Gestalt verleiht. In meiner Einsamkeit lehne ich mich gegen diesen ruhelosen Narren auf!»

Siebentes Ich: «Wie seltsam, daß ihr euch gegen diesen Mann auflehnt, hat doch jedes von euch eine bestimmte Aufgabe. Ach hätte ich doch, wie ihr, auch eine Bestimmung! Aber ich habe keine. Ich kauere im Dunkel, ohne Raum und Zeit, und tue nichts, während ihr eifrig neues Leben erschafft. Bin ich es, der sich zu beklagen hat, oder seid ihr es, Nachbarn?»

Nachdem das siebente Ich so gesprochen hatte, sahen die anderen sechs es mitleidig an und schwiegen – und als die Nacht fortschritt, schliefen sie eines nach dem anderen ein, froh, eine neue Aufgabe zu haben.

Das siebente Ich aber blieb wach und blickte weiter in das Nichts, das hinter allen Dingen ist.

Krieg

Eines Nachts wurde im Palast ein Festmahl gehalten. Da kam ein Mann und warf sich vor dem Prinzen zu Boden. Alle Gäste blickten ihn an und sahen, daß ihm ein Auge fehlte und Blut aus der leeren Augenhöhle floß. Der Prinz fragte ihn: «Mann, was ist dir widerfahren?» Der Befragte antwortete: «O Prinz, ich bin Dieb von Beruf und wollte in dieser mondlosen Nacht den Geldwechsler berauben, aber ich irrte mich in der Türe und stieg in den Laden des Webers ein. Im Dunkel stieß ich gegen den Webstuhl und stach mir ein Auge aus. Und nun, o Prinz, bitte ich dich um Gerechtigkeit gegen den Weber.»

Da ließ der Prinz nach dem Weber rufen, und als der kam, wurde bestimmt, daß ihm ein Auge ausgerissen werde.

«O Prinz», sagte da der Weber, «dein Urteil ist gerecht. Mir soll fürwahr ein Auge genommen werden. Doch benötige ich zwei Augen, damit ich beide Seiten meiner Webe sehen kann. Aber mein Nachbar, der Schuster, hat auch zwei Augen, und in seinem Beruf sind nicht beide Augen nötig.»

Da sandte der Prinz nach dem Schuster. Der kam, und sie nahmen ihm ein Auge.

Und dem Gesetze war Genüge getan.

Der Fuchs

Ein Fuchs betrachtete bei Sonnenaufgang seinen Schatten und sprach: «Heute mittag will ich ein Kamel verschlingen.» Den ganzen Morgen suchte er nach Kamelen. Am Mittag betrachtete er wiederum seinen Schatten und sprach: «Eine Maus wird auch genügen.»

Der weise König

Einst herrschte in der fernen Stadt Wirani ein König, der war mächtig und weise. Er war gefürchtet ob seiner Macht und wurde wegen seiner Weisheit geliebt.

Im Herzen der Stadt gab es einen Brunnen mit

kühlem, kristallklarem Wasser. Alle Bewohner tranken daraus, auch der König und seine Hofleute, denn es gab keinen anderen Brunnen.
Eines Nachts, als alle schliefen, kam eine Hexe in die Stadt und goß sieben Tropfen einer fremden Flüssigkeit in den Brunnen und sprach: «Wer von Stund an dieses Wasser trinkt, soll verrückt werden.»
Am nächsten Morgen tranken alle Leute, mit Ausnahme des Königs und seines Kanzlers, aus dem Brunnen und wurden verrückt, wie die Hexe vorhergesagt hatte.
Den ganzen Tag flüsterten die Leute in den engen Gassen und auf dem Marktplatz: «Der König ist verrückt. Der König und sein Kanzler haben den Verstand verloren. Wir können doch nicht von einem verrückten König regiert werden. Wir müssen ihn stürzen!»
Am Abend ließ der König am Brunnen einen goldenen Becher füllen. Und als man ihm den Becher brachte, trank er daraus in großen Zügen und gab auch seinem Kanzler davon zu trinken.
Da feierte die ferne Stadt Wirani ein großes Freudenfest, denn der König und sein Kanzler hatten ihren Verstand wiedergefunden.

Ehrgeiz

Drei Männer trafen einander in einer Schenke: ein Weber, ein Schreiner und ein Totengräber.

Da sagte der Weber: «Heute verkaufte ich ein feines linnenes Totenhemd für zwei Goldstücke. Wir wollen Wein trinken, soviel wir können!»

«Und ich», sagte der Schreiner, «verkaufte meinen besten Sarg. Wir wollen zum Wein einen fetten Braten essen!»

«Ich grub nur ein Grab», sagte der Totengräber, «aber mein Herr bezahlte mich doppelt. Wir wollen auch Honigkuchen bestellen.»

Den ganzen Abend waren in der Schenke alle Hände tätig, denn die drei waren guter Laune und bestellten immer aufs neue Wein, Braten und Kuchen.

Der Wirt rieb sich die Hände und nickte lachend seinem Weibe zu, denn die Gäste waren nicht kleinlich.

Als sie aufbrachen, stand der Mond hoch am Himmel, und lachend und singend wankten sie die Straße entlang.

Der Wirt und sein Weib standen unter dem Tor und blickten ihnen nach. «Ach», sagte die Frau, «diese Herren! So freigebig und so fröhlich.

Brächten sie uns solches Glück doch jeden Tag! Dann müßte unser Sohn nicht Wirt werden und hart arbeiten. Wir könnten ihn studieren lassen, und er könnte Priester werden.»

Die neue Freude

Letzte Nacht fand ich eine neue Freude. Als ich sie zum ersten Mal auskostete, kamen ein Engel und ein Teufel zu meinem Haus gestürmt. Sie trafen an meiner Tür zusammen und stritten um meine neue Freude. Der eine rief: «Es ist eine Sünde!», der andere: «Es ist eine Tugend!»

Die andere Sprache

Drei Tage nach meiner Geburt, als ich in meiner seidenen Wiege lag und mit staunendem Schrekken in die neue Welt um mich her blickte, fragte meine Mutter die Amme: «Wie geht es meinem Kind?»

Die Amme antwortete: «Es ist wohlauf, Madame. Ich füttere es dreimal, noch nie sah ich so ein frohes junges Ding.»
Das erboste mich, und ich schrie: «Das ist nicht wahr, Mutter, mein Bett ist hart, die Milch, die ich kriege, ist bitter, die Brüste dieser Frau riechen faul, und es geht mir ganz schlecht.»
Aber meine Mutter verstand mich nicht, auch die Amme verstand nicht, denn ich redete die Sprache der Welt, aus der ich gekommen war.
An meinem einundzwanzigsten Lebenstag wurde ich getauft, und der Priester sagte zu meiner Mutter: «Sie können glücklich sein, Madame, daß ihr Sohn als Christ geboren wurde.»
Das überraschte mich – und ich sagte zu dem Priester: «Dann muß Ihre Mutter im Himmel aber unglücklich sein, denn Sie wurden nicht als Christ geboren.»
Aber auch der Priester verstand meine Sprache nicht.
Nach sieben Monaten kam ein Wahrsager, um mich anzusehen, und er sagte zu meiner Mutter: «Ihr Sohn wird ein Staatsmann und ein großer Führer der Menschheit werden.»
Da schrie ich: «Das ist eine falsche Prophezeiung. Denn ich werde Musiker werden und will nichts als ein Musiker werden.»

Aber nicht einmal in diesem Alter verstand man meine Sprache. Das erstaunte mich sehr.
Nach dreiunddreißig Jahren, in welchen meine Mutter, die Amme und der Priester allesamt verstarben (Gott sei ihren Seelen gnädig!), lebt der Wahrsager immer noch. Gestern traf ich ihn am Eingang zum Tempel, wir sprachen miteinander, und er sagte: «Ich wußte stets, daß Sie ein großer Musiker sein werden. Schon in Ihrer Jugend sagte ich dies voraus.»
Ich glaubte ihm, denn mittlerweile hatte auch ich die Sprache jener anderen Welt vergessen.

Der Granatapfel

Als ich einst im Herzen eines Granatapfels wohnte, hörte ich einen Samen sagen: «Eines Tages werde ich ein Baum sein, der Wind wird in meinen Zweigen rauschen, die Sonne wird sich in meinem Laub spiegeln, und zu allen Zeiten des Jahres werde ich stark und schön sein.»
Darauf sagte ein anderer Samen: «Als ich so jung war wie du, hatte ich auch solche Wünsche. Mittlerweile habe ich gelernt, die Dinge zu gewichten,

und eingesehen, daß meine Hoffnung eitel war.»
Auch ein dritter Samen sagte: «Ich sehe nichts in uns, das eine so große Zukunft verspricht.»
Ein vierter sagte: «Aber was ist das für ein Leben, ohne Hoffnung auf eine größere Zukunft!»
Darauf ein fünfter: «Warum streiten wir uns darüber, was wir einst sein werden, wissen wir doch nicht einmal, was wir sind.»
Ein sechster: «Was wir sind, das werden wir auch bleiben.»
Ein siebenter sagte: «Ich habe eine ganz klare Vorstellung, wie alles kommen wird, aber ich kann sie nicht in Worte fassen.»
Dann sprach ein achter Samen – und ein neunter – und ein zehnter – und dann viele – und schließlich alle, bis ich in dem Stimmengewirr nichts mehr unterscheiden konnte.
Noch am selben Tag übersiedelte ich in das Herz einer Quitte. Dort gibt es weniger Samen, und die sind recht schweigsam.

Die beiden Käfige

Im Garten meines Vaters stehen zwei Käfige. In dem einen ist ein Löwe, den meines Vaters Sklaven aus der Wüste Ninive brachten, in dem anderen ist ein Sperling, der nicht singt.
Bei Tagesanbruch ruft der Sperling jedesmal zu dem Löwen hinüber: «Guten Morgen, Bruder Gefangener!»

Die drei Ameisen

Drei Ameisen trafen sich auf der Nase eines Menschen, der in der Sonne lag und schlief. Sie begrüßten einander – jede nach ihres Stammes Sitte –, standen da und redeten miteinander.
Die erste Ameise sagte: «Diese Hügel und Ebenen sind doch die kahlsten, die ich je gesehen habe. Den ganzen Tag suchte ich nach irgendeiner Krume, konnte aber nichts finden.»
Die zweite Ameise sagte: «Ich habe auch nichts gefunden, obwohl ich alle Lichtungen und schattigen Winkel absuchte. Dies ist, glaube ich, was

meine Leute ‹das weiche, bewegte Land› nennen, wo nichts wächst.»
Da erhob die dritte Ameise ihren Kopf und sagte: «Meine Freunde, wir stehen hier auf der Nase der Über-Ameise. Sie ist die mächtige und unendliche Ameise, deren Leib so groß ist, daß wir ihn nicht sehen können. Ihr Schatten ist so ungeheuer, daß wir ihn nicht ermessen können, und ihre Stimme so laut, daß wir sie nicht hören können. Sie ist allgegenwärtig.»
Als die dritte Ameise gesprochen hatte, sahen sich die beiden anderen an und lachten.
In diesem Augenblick bewegte sich der Mensch im Schlaf, hob seinen Arm, kratzte sich an der Nase und zerdrückte die drei Ameisen.

Der Totengräber

Als ich einst eine meiner toten Seelen begrub, trat der Totengräber zu mir und sagte: «Von allen, die hier ihre Toten begraben, mag ich nur dich.»
Ich sagte: «Du schmeichelst mir außerordentlich. Doch, warum magst du mich?»
Da antwortete er: «Die anderen kommen wehklagend und gehen wehklagend. Nur du kommst lachend und gehst wieder lachend.»

Auf den Stufen des Tempels

Gestern abend sah ich auf den Stufen des Tempels eine Frau zwischen zwei Männern sitzen. Die eine Seite ihres Gesichtes war bleich, die andere errötete.

Die gesegnete Stadt

In meiner Jugend erzählte man mir von einer Stadt, wo jedermann nach der Heiligen Schrift lebte.
Da sagte ich: «Ich will diese gesegnete Stadt suchen.» Es war weit dorthin, und ich traf große Vorbereitungen für meine Reise. Nach vierzig Tagen erblickte ich mein Ziel, und am einundvierzigsten Tag betrat ich die Stadt.
Und siehe, alle Bewohner hatten nur ein Auge und nur eine Hand. Ich war überrascht und dachte bei mir: Sollten gerade jene in dieser so heiligen Stadt nur ein Auge und nur eine Hand haben?
Dann sah ich, daß auch sie erstaunt waren und sich über meine beiden Hände und meine zwei Augen wunderten. Während sie so sprachen, trat ich auf sie zu und fragte: «Ist dies die gesegnete Stadt, wo jedermann nach der Heiligen Schrift lebt?» Sie antworteten mir: «Ja, sie ist es.»
«Aber was», fragte ich weiter, «ist euch zugestoßen, und wo sind eure rechten Augen und eure rechten Hände?»
Da ging eine Bewegung durch die Menge, und sie sagten: «Komm und sieh.»
Dann führten sie mich in die Mitte der Stadt, zum

Tempel. Darin sah ich eine große Zahl verwester Hände und Augen liegen. Erschrocken fragte ich: «Welcher Eroberer vollbrachte solche Greueltat an euch?»
Wieder ging ein Raunen durch die Menge. Einer der Ältesten trat vor und sprach: «Das haben wir selbst getan. Gott machte uns zum Sieger über das Böse, das in uns wohnte.»
Darauf führte er mich zum Hochaltar. Alle folgten uns. Und er zeigte mir eine in Stein gehauene Inschrift, und da las ich:
«Wenn dein rechtes Auge dir zum Stein des Anstoßes wird, dann reiße es aus und wirf es von dir; denn es ist besser für dich, eines deiner Glieder zu verlieren, als daß dein ganzer Leib der Hölle vorgeworfen werde. Und wenn deine rechte Hand dir zum Stein des Anstoßes wird, dann haue sie ab und wirf sie von dir; denn es ist besser für dich, eines deiner Glieder zu verlieren, als daß dein ganzer Leib der Hölle vorgeworfen werde.»
Da verstand ich. Ich wandte mich der Menge zu und rief: «Hat kein Mann und keine Frau unter euch zwei Augen und zwei Hände?»
Sie antworteten: «Nein, kein einziger. Keiner ist ganz, außer jene, die noch zu jung sind, um das Gebot der Schrift zu verstehen.»
Als wir aus dem Tempel herauskamen, verließ ich

augenblicklich jene gesegnete Stadt, denn ich war nicht mehr zu jung, um das Gebot der Schrift zu verstehen.

Der gute Gott und der böse Gott

Der gute Gott und der böse Gott begegneten einander auf dem Gipfel eines Berges.
Der gute Gott sagte: «Guten Tag, Bruder.»
Der böse Gott antwortete nicht.

Da sagte der gute Gott: «Du bist heute in einer üblen Laune.»
«Ja», sagte der böse Gott, «denn ich wurde letztlich oft mit dir verwechselt, wurde mit deinem Namen genannt und behandelt, als wäre ich du. Und das mißfällt mir.»
Der gute Gott sagte: «Aber auch ich wurde mit dir verwechselt und mit deinem Namen genannt.»
Da ging der böse Gott davon und fluchte der Torheit der Menschen.

«Schmach»

Schmach, o Schmach, meine Einsamkeit und
Stille;
Du bist mir lieber als tausend Siege
Und meinem Herzen süßer als aller Ruhm
dieser Welt.

Schmach, o Schmach, mein Spiegel und mein
Trutz,
Durch dich weiß ich, daß ich noch jung und
gut zu Fuß bin
Und trocknem Lorbeer nicht verfallen darf.

In dir fand ich Ruhe
Und bin es froh, wenn man mich meidet und verachtet.

Schmach, o Schmach, mein glänzend Schwert und Schild,
In deinen Augen las ich,
Daß Herrschertum Sklaventum ist,
Daß Verständnis Gleichmacherei ist,
Daß Anteilnahme nicht ins Volle trifft,
Das wie die reife Frucht fällt und verzehrt wird.

Schmach, o Schmach, mein kühner Gefährte,
Du sollst meine Lieder, meine Schreie und mein Schweigen hören.
Nur du sollst mir von Flügelrauschen
Und von Meeresbrausen erzählen,
Und von Bergen, die nachts brennen.
Nur du sollst meine steile, felsige Seele erklimmen.

Schmach, o Schmach, unsterbliches Herz,
Wir werden mit den Stürmen lachen
Und die Toten in uns begraben.
Einig werden wir in der Sonne stehen,
Und wir werden gefährlich sein.

Die Nacht und der Narr

«Ich bin wie du, o Nacht, dunkel und nackt; ich begehe den flammenden Pfad hoch über den Träumen meiner Tage, und wo mein Fuß die Erde berührt, entspringt eine riesige Eiche.»

«Nein, o Narr, du bist nicht wie ich. Immer noch blickst du dich um nach der Fußspur, die du im Sand hinterläßt.»

«Ich bin wie du, o Nacht, verschwiegen und tief. Im Herzen meiner Einsamkeit liegt eine Göttin in Wehen, und in dem, der aus ihr geboren wird, berühren sich Himmel und Erde.»

«Nein, o Narr, du bist nicht wie ich. Noch schauderst du vor Schmerz und schreckst vor dem Lied des Abgrunds zurück.»

«Ich bin wie du, o Nacht, wild und schrecklich. In meinen Ohren dröhnen das Geschrei besiegter Völker und das Wehklagen längst vergeßner Kontinente.»

«Nein, o Narr, du bist nicht wie ich. Immer noch hast du deine kleinliche Seele zum Gefährten und kannst mit deiner größeren Seele nicht Freund sein.»

«Ich bin wie du, o Nacht, abscheulich und grausam. Meine Brust leuchtet im Schein brennender

Schiffe, und meine Lippen triefen vom Blut erschlagener Krieger.»
«Nein, o Narr, du bist nicht wie ich. Immer noch verlangst du nach einer Schwesterseele und hast dein eigenes Gesetz nicht gefunden.»
«Ich bin wie du, o Nacht, glücklich und froh. Wer in meinem Schatten lebt, ist trunken von jungem Wein, und wer mir folgt, sündigt frohgemut.»
«Nein, o Narr, du bist nicht wie ich. Deine Seele ist hinter sieben Schleiern verborgen, und du hast dein Herz nicht in der Hand.»
«Ich bin wie du, o Nacht, leidenschaftlich und geduldig. In meiner Brust liegen tausend tote Liebende in den Wanten verwester Küsse begraben.»
«Ja, Narr, bist du wie ich? Bist du wie ich? Kannst du den Sturm als Schlachtroß reiten und den Blitz als Schwert führen?»
«Wie du, o Nacht, wie du, groß und mächtig. Mein Thron steht auf Bergen gefallener Götter. Die Tage ziehn an mir vorüber, sie küssen den Saum meines Gewandes und erblicken doch nie mein Gesicht.»
«Bist du wie ich, Kind meines dunkelsten Herzens? Denkst du meine wilden Gedanken, sprichst du meine verheerende Sprache?»
«Ja, o Nacht, Zwillingsbrüder sind wir. Du offenbarst das All, und ich offenbare meine Seele.»

Gesichter

Ich sah ein Gesicht, das tausend Züge zeigte, und ich sah ein Gesicht, das hatte nur einen einzigen Ausdruck, als wäre es aus Ton geformt.
Ich sah ein Gesicht, durch dessen Glanz hindurch mich aus der Tiefe seine Häßlichkeit anblickte,

und ich sah ein Gesicht, dessen Oberfläche ich erst lüften mußte, um zu sehen, wie schön es war.
Ich sah ein altes Gesicht voller nichtssagender Runzeln, und ich sah ein glattes Gesicht, in dem alles geschrieben stand.
Ich erkenne Gesichter, denn ich durchschaue den Schleier, den mein Auge mir vorgaukelt, und erblicke dahinter die Wirklichkeit.

Die größere See

Meine Seele und ich gingen an die große See, um zu baden. Als wir an die Küste kamen, hielten wir Ausschau nach einem stillen und heimlichen Platz. Dabei stießen wir auf einen Mann, der auf einem grauen Felsen saß, Salz aus einem Sack nahm und es ins Meer warf.
«Das ist der Pessimist», sagte meine Seele, «laß uns den Ort verlassen. Hier können wir nicht baden.»
Wir wanderten weiter und kamen an eine Bucht, wo wir einen Mann sahen, der auf einem weißen Felsen stand und aus einer juwelenbesetzten Schatulle Zucker in die See warf.
«Das ist der Optimist», sagte meine Seele, «er soll unsere nackten Körper auch nicht sehen.»

Wir wanderten weiter und sahen einen Mann, der am Strand tote Fische auflas und sie behutsam wieder in das Wasser tat.
«Vor diesem können wir auch nicht baden», sagte meine Seele, «das ist der humane Philanthrop.»
Wir gingen weiter.
Dann sahen wir einen Mann, der seinem Schatten im Sand folgte. Große Wellen kamen und löschten den Schatten aus, aber der Mann folgte ihm weiter immerzu.
«Das ist der Mystiker», sagte meine Seele, «gehen wir weiter.»
Wir gingen weiter, bis wir in einer stillen Bucht einen Menschen sahen, der den Schaum vom Wasser abschöpfte und in eine Alabasterschale tat.
«Das ist der Idealist», sagte meine Seele, «der darf unsere Nacktheit gewiß nicht sehen.»
Wir gingen weiter. Plötzlich hörten wir eine Stimme: «Die See! Die unendlich gewaltige See!» – Als wir näher kamen, sahen wir einen Mann, der mit dem Rücken zur See dem Rauschen einer Muschel lauschte.
Meine Seele sagte: «Gehen wir weiter. Das ist der Realist, der dem Ganzen, das er nicht fassen kann, den Rücken kehrt und sich mit Stückwerk aufhält.»
So gingen wir weiter. In einer felsigen Wildnis sahen wir einen Mann, der seinen Kopf in den Sand

eingegraben hatte. Da sagte ich zu meiner Seele: «Hier können wir baden, der kann uns nicht sehen.»
«Nein», sagte meine Seele, «das ist der übelste von allen, der Puritaner.»
Da wurde meine Seele sehr traurig und sagte: «Gehn wir fort von hier. Hier gibt es keinen stillen und heimlichen Platz, wo wir baden könnten. Dieser Wind soll nicht durch mein goldenes Haar und über meinen weißen Busen streichen, dies Licht soll nicht meine heilige Nacktheit entblößen.»
So verließen wir die See, um nach der größeren See zu suchen.

Gekreuzigt

Ich rief den Menschen zu: «Kreuzigt mich!»
Da fragten sie: «Warum soll dein Blut über uns kommen?»
Ich antwortete: «Wie sonst sollt ihr erhöht werden, wenn ihr nicht Narren kreuzigt?»
Das ließ sie aufhorchen. Ich wurde gekreuzigt und fand meinen Frieden.

Als ich zwischen Himmel und Erde hing, hoben sie ihre Häupter nach mir und fühlten sich erhöht, denn nie zuvor hatten sie ihre Häupter erhoben.
Aus der aufschauenden Menge rief einer: «Wofür büßest du?»
Ein anderer rief: «Wofür opferst du dich?»
Ein dritter: «Denkst du, um diesen Preis weltlichen Ruhm zu erwerben?»
Dann sagte ein vierter: «Seht, wie er lächelt! Kann solche Pein vergeben werden?»
Ich antwortete ihnen allen und sagte:
«Ihr sollt euch nur daran erinnern, daß ich lächelte. Ich büße nicht – ich opfere mich nicht – ich suche keinen Ruhm – und ich habe nichts zu vergeben. Mich dürstete – und ich bat euch, mir mein Blut zu trinken zu geben. Denn was kann eines Narren Durst stillen als sein eigenes Blut? Ich war stumm – und bat euch um Wunden, damit ich reden könne. Ich war gefangen in euren Tagen und Nächten – und suchte ein Tor zu größeren Tagen und Nächten.
Nun gehe ich – wie andere Gekreuzigte vor mir gegangen sind. Und denkt nicht, wir seien des Kreuzigens müde! Denn wir müssen weiter gekreuzigt werden von größeren und immer größeren Menschen, zwischen immer größeren Erden und immer größeren Himmeln.»

Der Astronom

Im Schatten des Tempels sahen mein Freund und ich einen einsamen Blinden sitzen. «Sieh», sagte mein Freund, «der weiseste Mann unseres Landes.»
Ich verließ meinen Freund, näherte mich dem Blinden, begrüßte ihn, und wir kamen in ein Gespräch.
Nach einer Weile sagte ich: «Vergib meine Frage, aber seit wann bist du blind?»
«Seit meiner Geburt», antwortete er.
Ich fragte: «Welchem Pfad der Weisheit folgst du?»
Er sagte: «Ich bin Astronom.»
Dann wies er mit der Hand auf seine Brust und sagte: «Ich beobachte all diese Sonnen, Monde und Sterne.»

Die große Sehnsucht

Hier sitze ich zwischen meinem Bruder, dem Berg, und meiner Schwester, der See.
Wir drei sind eins in der Einsamkeit. Die Liebe, die uns verbindet, ist tief, stark und fremd. Nein, sie ist tiefer als meiner Schwester Tiefe, stärker als meines Bruders Stärke und fremder als das Fremdartige meiner Narrheit.

Äonen über Äonen vergingen, ehe der erste graue Dunst uns einander offenbarte. Wir sahen Geburt, Glanz und Tod vieler Welten, sind aber immer noch voll jugendlicher Begierde.

Wir sind voll jugendlicher Begierde und sind doch ohne Gefährten, und niemand lenkt seine Schritte zu uns. Unsere geschwisterliche Umarmung wurde nie gelöst, wir sind aber dennoch nicht glücklich. Welches Glück wäre auch unerfüllter Sehnsucht und nie gelebter Leidenschaft beschieden? Von wannen kommt ein flammender Gott, meiner Schwester Bett zu wärmen? Welche Flut wird meines Bruders Feuer löschen? Und wer wird die Frau sein, meinem Herzen zu befehlen?

In der Stille der Nacht murmelt meine Schwester des unbekannten Feuergottes Namen. Mein Bruder ruft nach der fernen kühlen Göttin. Wes Namen ich in meinen Träumen rufe, weiß ich nicht.

. . .

Hier sitze ich zwischen meinem Bruder, dem Berg, und meiner Schwester, der See. Wir drei sind eins in der Einsamkeit. Die Liebe, die uns verbindet, ist tief, stark und fremd.

Ein Grashalm sagte

Ein Grashalm sagte zu einem Blatt im Herbst: «Du machst solchen Lärm, wenn du fällst! Du störst meine Winterträume.»
Das Blatt antwortete ungehalten: «Du bist von niedriger Herkunft und hast dich nie über deine Niedrigkeit erhoben, griesgrämiges, stummes Ding. Du lebst nicht in den höheren Sphären und hast von Musik keine Ahnung.»
Dann legte sich das Blatt auf die Erde und schlief ein. Als der Frühling kam, erwachte es wieder – und war ein Grashalm.
Als es Herbst wurde, die Zeit für den Winterschlaf nahte und in den Lüften die Blätter fielen, murmelte es: «O diese Blätter im Herbst! Sie machen so einen Lärm! Sie stören meine Winterträume.»

Das Auge

Das Auge sagte eines Tages: «Ich sehe hinter diesen Tälern im blauen Dunst einen Berg. Ist er nicht wunderschön?»

Das Ohr lauschte und sagte nach einer Weile: «Wo ist ein Berg, ich höre keinen.»
Darauf sagte die Hand: «Ich versuche vergeblich, ihn zu greifen. Ich finde keinen Berg.»
Die Nase sagte: «Ich rieche nichts. Da ist kein Berg.»
Da wandte sich das Auge in eine andere Richtung. Die anderen diskutierten weiter über diese merkwürdige Täuschung und kamen zu dem Schluß: «Mit dem Auge stimmt etwas nicht.»

Die beiden Gelehrten

In der alten Stadt Afkar lebten einst zwei Gelehrte. Sie haßten einander, und einer bekämpfte die Lehre des anderen. Der eine leugnete die Existenz der Götter, der andere war gläubig.
Eines Tages trafen sie einander auf dem Marktplatz. Inmitten ihrer Schüler hoben sie an, über Sein und Nichtsein der Götter zu streiten. Erst nach stundenlangen Wortgefechten gingen sie wieder auseinander.
Am selben Abend ging der Ungläubige in den Tempel, warf sich vor dem Altar auf den Boden

und bat die Götter wegen seines Starrsinns um Vergebung.
Zur gleichen Stunde verbrannte der andere Gelehrte, jener, der die Götter hochgehalten hatte, seine heiligen Bücher. Denn er war ungläubig geworden.

Als meine Sorge zur Welt kam

Als meine Sorge zur Welt kam, hegte und pflegte ich sie mit zärtlicher Liebe.
Wie alles Lebende wuchs sie, wurde stark und schön und war voll wunderbarer Freuden.
Wir liebten einander, meine Sorge und ich, und liebten die Welt rings um uns. Denn meine Sorge war freundlich, und ich war freundlich zu ihr.
Wenn wir miteinander sprachen, meine Sorge und ich, vergingen die Tage im Flug, und wundervolle Träume schmückten unsere Nächte. Denn meine Sorge hatte eine beredte Zunge, und ich redete viel mit ihr.
Wenn wir miteinander sangen, meine Sorge und ich, saßen die Nachbarn an den Fenstern, denn unsere Lieder waren tief wie das Meer, und unsere Melodien riefen ferne Erinnerungen zurück.

Wenn wir miteinander auf der Straße gingen, meine Sorge und ich, blickten die Leute uns wohlwollend nach und flüsterten die schönsten Sachen.
Wir hatten aber auch Neider, denn meine Sorge war ein nobles Ding, und ich war stolz auf sie.
Aber wie alles Lebende starb meine Sorge, und nun bin ich mit meinen Gedanken allein.
Jetzt tönen meine Worte plump in meinen Ohren.
Keine Nachbarn kommen, um meine Lieder zu hören.
Niemand blickt mir nach, wenn ich über die Straße gehe.
Nur im Schlaf höre ich mitleidige Stimmen sagen:
«Sehr, hier liegt der Mann, dessen Sorge gestorben ist.»

Und als meine Freude zur Welt kam

Und als meine Freude zur Welt kam, hielt ich sie in meinen Armen, stieg auf das Hausdach und rief: «Kommt, Nachbarn, kommt und seht, die Freude wurde mir heute geboren. Kommt und seht das frohe Ding, wie es in der Sonne lacht!»

Aber keiner der Nachbarn kam, um meine Freude anzusehen. Das überraschte mich sehr.

Sieben Monate lang rief ich jeden Tag meine Freude auf dem Hausdach aus – aber niemand beachtete mich. So blieben meine Freude und ich allein, ungesucht und unbesucht.

Weil sie kein anderes Herz entflammen konnte und weil nur meine Lippen die ihren küßten, wurde meine Freude blaß und krank.

Und dann starb meine Freude an der Einsamkeit.

Jetzt erinnere ich mich meiner toten Freude nur, wenn ich mich meiner toten Sorge erinnere. Aber Erinnerung ist wie ein Blatt im Herbst, das eine Weile im Wind raschelt und dann nicht mehr zu hören ist.

«Die vollkommene Welt»

Gott der verlorenen Seelen, der du verloren bist unter allen Göttern, höre mich!
Gnädiges Schicksal, das über uns irren, wandernden Seelen wacht, höre mich!
Ich lebe inmitten einer vollkommenen Welt, ich, der Allerunvollkommenste.
Ich, ein menschliches Chaos, ein Nebel aus vertauschten Elementen, bewege mich zwischen vollendeten Welten – Menschen mit Recht und Ordnung, mit rechten Gedanken, mit geordneten Träumen, Wunschbildern, die allseits bekannt und aufgezeichnet sind.
Ihre Tugenden, o Gott, sind abgemessen, ihre Sünden abgewogen, und sogar jene zahllosen Dinge im Zwielicht zwischen Tugend und Sünde haben Rang und Ordnung.
Untadelige Gesetze schreiben vor, was bei Tag und Nacht zu tun ist:
Essen, trinken, schlafen, seine Blößen bedecken, und zur rechten Zeit müde zu sein.
Arbeiten, spielen, singen, tanzen, und still dazuliegen, wenn die Stunde schlägt.
Dieses denken, jenes fühlen, und mit Denken und Fühlen aufzuhören, wenn ein bestimmter Stern am Horizont erscheint.

Lächelnd einen Nachbarn auszurauben, huldvoll zu verschenken, von oben herab zu loben, vorsichtig zu tadeln, mit einem einzigen Wort eine Seele zu vernichten, mit einem Atemstoß einen Körper zu verbrennen und nach des Tages Arbeit die Hände zu waschen.
Zu lieben, wie sich's gehört, auf vorgeschriebene Art Kurzweil zu treiben, die Götter gebührend zu verehren, die Teufel kunstvoll an der Nase zu führen – und wenn es sein muß, alles zu vergessen, wie wenn die Erinnerung gestorben wäre.
An einer Idee Gefallen zu finden, mit Bedacht zu meditieren, inniglich das Glück zu genießen, vornehm zu leiden – und dann den Becher zu leeren, auf daß der morgige Tag ihn wieder fülle.
All diese Dinge, o Gott, werden mit Voraussicht geplant, zu ihrer Bestimmung in die Welt gesetzt, sorgsam gehegt, nach Regeln regiert, vom Verstand geführt und schließlich, wie es vorgeschrieben ist, geschlachtet und begraben. Und sogar die stillen Gräber in der menschlichen Seele sind gekennzeichnet und gezählt.
Eine vollkommene Welt ist es, eine Welt vollendeter Vortrefflichkeit, eine Welt grenzenloser Wunder, die reifste Frucht in Gottes Garten, der Meister-Gedanke des Universums.
Aber warum, o Gott, muß ich darin leben, ich, ein

Samenkorn unausgereifter Leidenschaft, ein irrer Sturm, der nicht nach Ost und nicht nach Westen bläst, ein verhehrter Überrest eines längst verbrannten Planeten?
O Gott der verlorenen Seelen, der du verloren bist unter allen Göttern, warum muß ich hier leben?

Bildnachweis

Alle Bilder wurden von der Malerin Françoise Girardot Hiestand gemalt. Sie ist in Frankreich geboren und studierte in Paris an der Académie Montparnasse und den Arts appliqués. Diverse Ausstellungen in Paris, Genf, Besançon und Winterthur.

Die Bilder sind in Acryl- und Ölfarben gemalt.

Umschlagbild: L'Ingénu (102 x 102 cm)
Seite 7: Le Laché-prise (30 x 28 cm)
Seite 20: La Laideur (104 x 104 cm)
Seite 24: Seuls mes pieds vous accompagnent (75 x 75 cm)
Seite 28: La Sagesse (100 x 100 cm)
Seite 38: Solitude du Don (104 x 104 cm)
Seite 43: L'Ingénu (102 x 102 cm)
Seite 49: Acheter et vendre (104 x 88 cm)
Seite 55: Joie et tristesse (32 x 32 cm)

Fotografien: Monique Bernaz, Genève

Khalil Gibran
Die sieben Worte der Weisheit

Herausgegeben und eingeleitet von
Jean-Claude Höfliger
119 Seiten mit sieben vierfarbigen Bildern von
Françoise Girardot Hiestand

Khalil Gibran fragte einst eine langjährige Vertraute, welche Wörter sie sich merken würde, zwänge man sie, alle Wörter bis auf sieben zu vergessen. Da ihr nur deren fünf einfielen, fragte sie ihrerseits Gibran nach seiner Wahl. Die vorliegende Textsammlung vereinigt die berührendsten und poetischsten Sinnsprüche aus seinen Werken zu den sieben Weisheitsworten, die er ihr damals verriet.